BEI GRIN MACHT SICH IHR WISSEN BEZAHLT

AF149223

- Wir veröffentlichen Ihre Hausarbeit,
  Bachelor- und Masterarbeit

- Ihr eigenes eBook und Buch -
  weltweit in allen wichtigen Shops

- Verdienen Sie an jedem Verkauf

Jetzt bei www.GRIN.com hochladen
und kostenlos publizieren

Alesia Denker

Berufsfeldorientierung: Online-Marketing-Manager

GRIN Verlag

Bibliografische Information der Deutschen Nationalbibliothek:

Die Deutsche Bibliothek verzeichnet diese Publikation in der Deutschen National-
bibliografie; detaillierte bibliografische Daten sind im Internet über http://dnb.d-
nb.de/ abrufbar.

Impressum:

Copyright © 2011 GRIN Verlag GmbH
Druck und Bindung: Books on Demand GmbH, Norderstedt Germany
ISBN: 978-3-656-09541-5

Dieses Buch bei GRIN:

http://www.grin.com/de/e-book/184534/berufsfeldorientierung-online-marketing-
manager

GRIN - Your knowledge has value

Der GRIN Verlag publiziert seit 1998 wissenschaftliche Arbeiten von Studenten, Hochschullehrern und anderen Akademikern als eBook und gedrucktes Buch. Die Verlagswebsite www.grin.com ist die ideale Plattform zur Veröffentlichung von Hausarbeiten, Abschlussarbeiten, wissenschaftlichen Aufsätzen, Dissertationen und Fachbüchern.

Besuchen Sie uns im Internet:

http://www.grin.com/

http://www.facebook.com/grincom

http://www.twitter.com/grin_com

Fachhochschule Gelsenkirchen

Abteilung Bocholt

Seminararbeit

Im Rahmen der Veranstaltung

„Berufsfeldorientierung"

WS 2011/12

Thema:

Online-Marketing-Manager

Vorgelegt von   Alesia Denker

Inhalt

Abbildungsverzeichnis

Abkürzungsverzeichnis

1 Einleitung

Gegenstand dieser Seminararbeit ist der Beruf des Online-Marketing-Managers. Mein Ziel ist es diesen Beruf für Bachelor-Absolventen näher zu bringen.

Das Internet ist seit Jahren die wichtigste Marketing-, Promotion- und Kommunikationsplattform. Die Bedeutung jeglicher Formen von Werbung im Internet für sämtliche Wirtschaftszweige steigt sehr stark und ein Ende dieses Trends ist definitiv nicht abzusehen.

Mittlerweile setzen nicht nur große Unternehmen auf ausgefeilte Marketing-Strategien im Internet-Bereich, wie z.B. SEO, SEM, E-Commerce, Google Adwords, Social Communities oder Affiliate Marketing, sondern auch Unternehmen des Mittelstands und Kleinunternehmer.[1]

Aus diesen aktuellen Trends hat sich der junge Beruf des Online-Marketing-Managers herauskristallisiert. Online-Marketing-Manager koordinieren Werbe-maßnahmen im Internet und entwickeln Marketingstrategien für virtuelle Verkaufsräume, akquirieren Kundengruppen und gestalten sowie verbessern Geschäftsprozesse im Bereich des Online-Shoppings.[2]

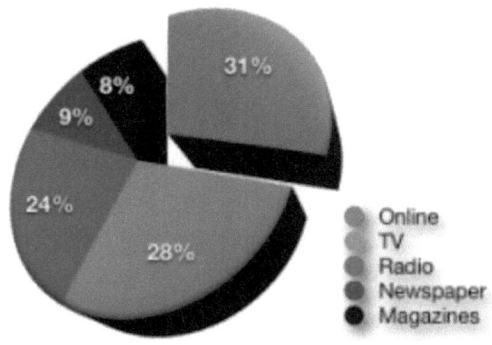

Abbildung 1: Anteil von Werbung im Internet

---

[1] ebam
[2] Bundesagentur für Arbeit

2 Was ist Online-Marketing?

Unter dem Begriff „Marketing" werden im Allgemeinen jene Maßnahmen zusammengefasst, die dazu beitragen, alle Aktivitäten eines Unternehmens auf die gegenwärtigen und künftigen Erfordernisse des Marktes auszurichten.[3]

Online-Marketing wird auch Internetmarketing oder Web-Marketing genannt und umfasst alle Marketing-Maßnahmen, die mit Hilfe des Internets erfolgen können. Der Begriff Online-Marketing bedeutet nichts anderes als das der traditionelle Begriff des Marketings auf das Medium Internet übertragen wird. Dennoch steht man vor der Herausforderung traditionelle Marketinginstrumente auf die neuen technischen Möglichkeiten anzupassen.[4]

Es stehen wie beim traditionellen Marketing verschiedene Marketinginstrumente zur Verfügung:

- Produktpolitik
- Preispolitik
- Kommunikationspolitik
- Distributionspolitik

Im Mittelpunkt des Online-Marketings steht meistens die Kommunikationspolitik, denn es heutzutage unerlässlich neue Interessenten, Anfrager oder Besteller aufmerksam auf sich zu machen und Kunden mit Hilfe des Online-Marketings zu binden.

Gleichzeitig kann das Online-Marketing auch für die anderen Marketingbereiche eine bedeutende Rolle spielen. So stellt beispielsweise der Online-Shop einen Vertriebskanal dar, der direkten Einfluss auf die gesamte Distributions- und Preispolitik eines Unternehmens nehmen kann.[5]

---

[3] Weis, 2009, S. 19
[4] Kollmann, 2007, S. 59
[5] onlinemarketing-praxis

3 Teilbereiche des Online-Marketing

Die Möglichkeiten, Marketing-Strategien für das Medium Internet zu entwerfen und umzusetzen sind vielfältig. Deswegen beinhaltet der umfassende Bereich des Online-Marketings Teilbereiche. Die Art und Weise dieser Unterteilung kann auf verschiedene Art und Weise erfolgen.

Für diese Seminararbeit wurde folgende Unterteilung genutzt.

Abbildung 2: Teilbereiche des Online-Marketing

Wesentlicher Bestandteil des Online-Marketings ist die Gestaltung und der thematische Aufbau einer **Unternehmenswebsite**. Dabei dient die Unternehmenswebsite sowohl der Kundenbindung als auch zur Akquisition neuer Kundengruppen. Neben der Optik sind Benutzerfreundlichkeit (usability) und Zugänglichkeit wichtige Kriterien bei der Gestaltung von Internetauftritten. Die Seiteninhalte sollten übersichtlich navigierbar und auch für z.B. sehbehinderte Menschen (Barrierefreiheit) zugänglich sein. Technisch ist darauf zu achten, dass die Webseite von den gängigen Browsern problemlos angezeigt werden kann. [6]

---

[6] Kollmann, 2007, S. 19

Mit **Bannerwerbung** soll in Form von Werbebannern, Pop-ups und Layer Ads auf Dienstleistungen und Produkte des Werbetreibenden aufmerksam gemacht werden.

Folgende Bannerformate und –Formen gibt es. Diese werden hier nicht näher erläutert und sollen nur ein Überblick geben welche Vielfältigkeit sich in der Praxis gebildet hat.

- Statische Banner
- Animierte Banner
- Gif-Banner
- Flash-Banner
- HTML-Banner
- Pop-up-Banner
- Pop-under-Banner
- Sticky-Ad
- Transaktive Banner
- Nanosite Banner
- Fake Banner
- Flying Banner
- Video Banner
- Usw.[7]

Abbildung 3: Bannerwerbung

---

[7] Lammenett, 2009, S. 144 - 146

Im Zuge des **Online Video Advertising** werden Werbebotschaften audio-visuell aufbereitet und sind mit Fernsehspots vergleichbar. Studien aus 2009 belegen, dass mehr als die Hälfte der Internetbenutzer regelmäßig Videos online konsumiert. Für Werbetreibende ergeben sich daraus völlig neue Möglichkeiten der Steigerung von Awareness und Markenbildung. Mit der Verbreitung von Videoportalen mit hoher Reichweite wie beispielsweise YouTube, MyVideo oder Clipfish haben Online Videofilmproduktionen im Rahmen von viralen Kampagnen signifikant zugenommen.[8]

Mit **Suchmaschinenmarketing** (SEM) bezeichnet man im Allgemeinen alle Maßnahmen, die auf die gute Auffindbarkeit einer Webpräsenz auf den Ergebnisseiten von Suchmaschinen hinzielen. Suchmaschinen zählen zu den populärsten Internetdiensten der letzten Jahre. Sie bilden die bevorzugte Informationsquelle für private und berufliche Internetbenutzer. Ziel des Suchmaschinenmarketings ist in der Regel eine Steigerung der Besucherzahl und –Qualität, welche entsprechend zu einer Wertsteigerung der Webseite und deren Angebote führt.[9]

Dies wird erreicht durch,

- die Schaltung von bezahlten Suchmaschinen-Ergebnissen in Google (Google AdWords), Yahoo (Yahoo Search Marketing) und Microsoft Network (Microsoft adCenter) sowie anderen Suchmaschinen.
- Suchmaschinenoptimierung

---

[8] ranking-check
[9] Greifeneder, 2010, S. 17

E-Mail-Marketing ist eine Form des Direktmarketings, wobei E-Mails als Kommunikationsmittel benutzt werden, um Interessenten anzusprechen.[10]

E-Mail-Marketing trägt dazu bei:

- Die Kundengewinnungskosten drastisch zu senken
- Den über Cross Selling erzielten Mehrumsatz zu steigern
- Die Kundenbindung nachhaltig zu erhöhen
- Weiterempfehlungen zu generieren
- Das Unternehmen im Kopf des Konsumenten zu verankern

---

[10] Labs, 2003, S. 2

Affiliate-Marketing ist ein Teilbereich des Online-Marketings, bei dem die Vertriebspartner (Affiliates) vom Programmbetreiber erfolgsabhängig bezahlt werden. Jeder Websitebetreiber kann mit Affiliate-Marketing Geld verdienen, indem er Werbemittel von so genannten Partnerprogrammen in seinen Webauftritt einbindet.[11] Vorteil ist die Verteilung des Marketing-Aufwandes auf mehrere Partner, die nur für Erfolg vergütet werden.

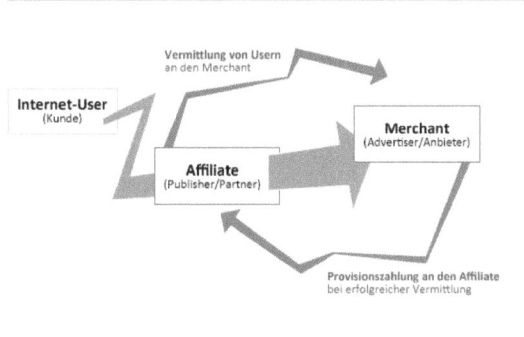

Abbildung 4: Affiliate-Marketing

Es gibt verschiedene Vergütungsversionen:

- Pay per Lead: für die Generierung eines Kundenkontaktes (z. B. Eintragen in einen Newsletter-Verteiler oder Bestellung eines Kataloges)
- Pay per Click: für jeden Klick auf der Website oder in der E-Mail des Affiliates angegebenen Links oder Banners.
- Pay per Sale: für jeden Verkauf, der über die Werbemaßnahme des Affiliates zustande kommt, wird ein Festbetrag oder eine prozentuale Beteiligung am Verkaufspreis vergütet
- Pay per Link: Provisionierung des Einbaus eines Links auf der Affiliate-Webseite für einen bestimmten Abrechnungszeitraum. Hier wird nur die Einblendung des Links vergütet.
- Pay per View: Provisioniert wird jede getrackte (gewertete) Auslieferung eines Werbemittels, das heißt es wird die Häufigkeit der Aufrufe eines Werbebanners gezählt und daraufhin der Webseitenbetreiber entlohnt.[12]

---

[11] 100partnerprogramme
[12] Kollmann, 2007, S. 187 - 188

Social Media Marketing ist ein Prozess, der es Menschen ermöglicht, für ihre Websites, Produkte oder Services in sozialen Netzwerken zu werben und eine breite Community anzusprechen, die über traditionelle Werbekanäle nicht zu erreichen gewesen wäre. Social Media betonen vor allem das Kollektiv, nicht die Einzelpersonen. Überall im Internet existieren Communities unterschiedlicher Form und Größe und unterschiedlicher Menschen, die miteinander reden. Die Aufgabe von Online-Marketing-Manager besteht darin, diese Communities richtig zu nutzen, um mit ihren Teilnehmern wirkungsvoll über relevante Produkt- und Serviceangebote zu kommunizieren und beobachten darüber hinaus das Web, um besonders nützlichen Content zu finden und in der riesigen Sphäre des Internet bekannt zu machen. [13]

Ziele von Social Media Marketing:[14]

- Besuchergenerierung
- Imagepflege
- Kundengenerierung
- Kundenkontakt
- Markenbildung
- Reputationsaufbau

Abbildung 5: Social Media Marketing

---

[13] Weinberg, 2010
[14] seo-united

4 Ausbildung

Abbildung 6: Ausbildung Online-Marketing-Manager

Da die Disziplin Online-Marketing noch sehr jung ist, gibt es derzeit keine festgelegten Ausbildungswege für diesen Berufszweig. An staatlichen Hochschulen wird derzeit noch kein entsprechendes Studium angeboten. Studienplätze werden zurzeit nur von privaten Hochschulen angeboten oder es werden Lehrgänge bei privaten Bildungseinrichtungen angeboten. Ein privates Studium wird z.B. von der EMBA angeboten. Dieses ist ein Vollzeitstudium mit einer Dauer von 6 Semestern, dass mit dem B.A. abgeschlossen wird.[15]
Die private Bildungseinrichtung „Deutsche POP" bietet einen einjährigen Lehrgang an in dem man den Abschluss „Deutsche POP-Diplom Online-Marketingmanager/in" erhält.[16]

Da die beiden genannten Ausbildungen von privaten Einrichtungen angeboten werden sind diese mit hohen Kosten verbunden. Der EMBA z.B. müssen 24.500,-€ gezahlt werden.[17]

---

[15] emba Medienakademie
[16] deutsche pop
[17] emba Medienakademie

Ferner ist die Anzahl der Absolventen von privaten Bildungseinrichtungen gegenüber dem von staatlichen Hochschulen sehr eingeschränkt.[18]

5 Aufgabengebiet

Wie man aus Kapitel 3 „Teilbereiche des Online-Marketing" antizipieren kann, kann der Aufgabenbereich von Online-Marketing-Managern vielfältig gestaltet sein. Dabei verbinden sie die traditionellen Marketinginstrumente mit den modernen technischen Möglichkeiten des Internets.

Die Tätigkeiten eines Online-Marketing-Managers sind in sämtlichen Wirtschaftszweigen sehr gefragt. Folgend werden Beispiele genannt wo sie eingesetzt werden.

- Werbeagenturen die ganzheitliche Online-Lösungen anbieten
- Unternehmen mit Schwerpunkt Online-Vertrieb (Otto GmbH & Co. Kg)
- Internet-Communities (FriendScout 24 GmbH)
- Große Unternehmen und Konzerne (Deutsche Telekom AG)
- Tätigkeit als Freiberufler (Freelancer)

Folgende Aufgaben können von einem Online-Marketing-Manager gefordert werden.

- Betreuung und Ausbau des SEM) insbesondere des SEO
- Akquise und Verhandlung von Online-Kooperationen
- Betreuung der Affiliate-Programme
- Recherche und Bewertung von neuen Werbeumfelder
- Planung, Umsetzung und Controlling aller Maßnahmen
- Budgetmanagement
- Erstellung von Traffic- und Performance Reportings
- Steuerung von Web-Analytics Tools mit dem Ziel der Analyse sämtlicher Online Marketing Aktivitäten auf Kosten und ROI- Basis

---

[18] Bundesagentur für Arbeit

Dabei kann man im Rahmen des Account Management mit persönlicher und telefonischer Betreuung für den Erfolg der Kampagnen aus Kundensicht verantwortlich sein.

Als Online-Marketing Manager entwickelt man Strategien und setzt Maßnahmen um, die zur Steigerung der Effizienz der Online-Marketing-Kampagnen führen. Diese Erfolge ermöglichen dem Online-Marketing Manager die Weiterentwicklung von bestehenden Kundenbeziehungen im Sinne von Kundenbindung. Man trägt hierbei Budget und Umsatzverantwortung.

Darüber hinaus soll die Verkaufsabteilung bei Kundenanalysen und Marktrecherchen und Angebotserstellung unterstützt werden.[19]

---

[19] suchtreffer

6 Anforderungen

Aufgrund des hohen Aufgabenspektrums von Online-Marketing-Managern, sind demzufolge die Anforderungen, die vom Arbeitgeber gestellt werden, meistens sehr hoch.

Folgende Anforderungen könnten vom Arbeitgeber vorausgesetzt sein:

- Es wurde ein Studium der BWL, Medienwirtschaft oder Wirtschaftsinformatik an einer Universität, Fachhochschule oder Berufsakademie mit Schwerpunkt Marketing und eCommerce absolviert
- Berufserfahrung im Account Management im Online-Marketing bei einem Dienstleistungsunternehmen der Medien- oder eCommerce-Werbebranche
- Berufserfahrung in einem Unternehmen der Online-Werbebranche
- HTML, CSS und XML Kenntnisse
- Verfügung über sehr gute Kenntnisse des Online-Marktes und dessen Trends sowie technisches Grundverständnis von eCommerce-Zusammenhängen
- Verfügung über eine ausgeprägte Technikaffinität, strukturiertem Umgang mit Zahlen und Freude an analytischen Zusammenhängen
- Know-how im Suchmaschinen- bzw. Affiliate Marketing und in der Suchmaschinenoptimierung
- beherrschen der Microsoft Office Produkte.
- Eine schnelle Auffassungsgabe, eine selbständige Arbeitsweise, ein sicheres Auftreten, Teamfähigkeit sowie großes Engagement; Motivation und Belastbarkeit werden erwartet
- man soll in der Lage sein Präsentationen sicher vorzutragen und Verhandlungen geschickt zu führen
- man soll sich durch strukturierte, faktenorientierte Arbeitsweise, Selbstständigkeit und Durchsetzungsvermögen auszeichnen
- Bedeutung von Fachbegriffen des Online-Marketing sollten bekannt sein[20]

---

[20] suchtreffer

Online Marketing Manager (m/w)

Das schwedische Unternehmen Academic Work ist Experte für Personaldienstleistung mit Fokus auf Studenten und Young Professionals.

Unser Kunde ist einer der größten technischen Fachverlage Deutschlands. Er bietet neben fachlichem Rat und kreativen Anregungen auch Software aus den Bereichen Elektronik, IT, Fotografie an, die in den verschiedenen Online Shops erworben werden können. Um die Online Shops optimal zu betreuen und mehr Kunden zu gewinnen suchen wir einen Online Marketing Manager (m/w) in Festanstellung. Dabei sind Sie für den Umsatz des Online Shops verantwortlich und steigern durch Kooperation mit Zeitschriften und Web-Portalen sowie dem zielgerichteten Einsatz von E-Mail-Marketing die Internet-Verkäufe und Online-Umsätze.

ANFORDERUNGEN:

- Sie verfügen über ein abgeschlossenes Studium sowie erste Erfahrung im Online Marketing.
- Sie haben HTML, CSS sowie XML Kenntnisse.
- Sie besitzen verkäuferisches Denken und schreiben stilsicher.
- Sie bringen technisches Know-How über moderne E-Mail-Marketing-Tools mit.

Wir bieten Ihnen eine Festanstellung bei einem erfolgreichen Unternehmen, mit einer verantwortungsvollen Tätigkeit und einer attraktiven Vergütung. Ihre Aufgaben wachsen dabei mit Ihrem Erfahrungsschatz. Machen Sie ihr Hobby zu Ihrem Beruf und ergreifen Sie die Chance interessante Produkte in einem spannenden Umfeld zu betreuen.

Wenn Sie sich in dem Profil wiederfinden freuen wir uns auf Ihre zeitnahe Bewerbung über unser Webportal oder per E-Mail.

Diese Ausschreibung richtet sich an alle geeigneten Bewerber/innen unabhängig von Alter, Geschlecht, Behinderung, Religion, Weltanschauung, Rasse, ethnischer Herkunft oder sexueller Identität.

BEGINN:
4. Quartal 2011

UMFANG:
Vollzeit, Festanstellung

ORT:
Haar

KONTAKTPERSON:
Andrea Orendi, 089 945 05 472

E-MAIL:
andrea.orendi@academicwork.de

REFERENZNUMMER:
AO 882660

→ HIER BEWERBEN

www.academicwork.de

Abbildung 7: Stellenangebot

7 Gehalt

Online-Marketing-Manager besitzen eine seltene Qualifikation und sind sehr gefragt. Das sorgt dafür, dass die Gehälter dementsprechend hoch ausfallen.

Jürgen Bremer, spezialisierter Headhunter aus Hamburg: „Wer technische Kenntnisse mit Branchenwissen verbindet, kann im Online-Marketing auch ohne lange Berufserfahrung derzeit schnell 50.000 Euro und mehr im Jahr verdienen"

Bernd Hinrichs, Karriereberater: „Wer strategische Aufgaben erfüllt, gehört zu den Gehaltsgewinnern."[21]

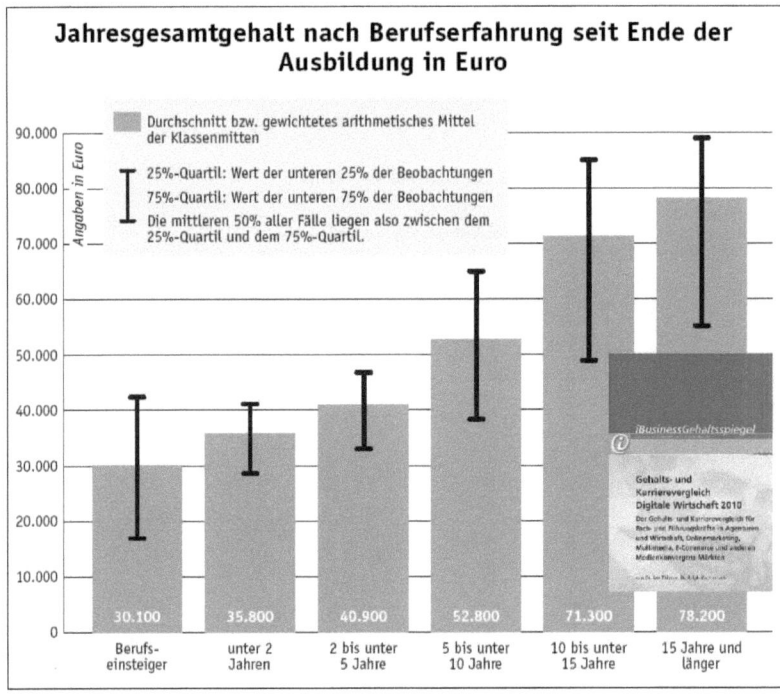

Abbildung 8: Gehaltsvergleich Digitale Wirtschaft 2010[22]

---

[21] Computerwoche
[22] webbstar

Die verschiedenen Einkommen für Online Marketing Manager sehen Sie hier als Übersicht. Das Gehalt als Online Marketing Manager kann von Stadt zu Stadt variieren, da der Lohn von verschiedenen Faktoren abhängig ist.[23]

Stadt	Einkommen (Ø)
Augsburg	3200,00 €
Berlin	2680,00 €
Bielefeld	2500,00 €
Düsseldorf	4000,00 €
Frankfurt a.M.	2530,00 €
Hamburg	4166,00 €
Kerpen	3389,00 €
Lübeck	3200,00 €
München	2500,00 €
Nürnberg	1800,00 €
Wiesbaden	4000,00 €

Abbildung 9: Gehaltstabelle

---

[23] Gehalt Tipps

8 Zukunftsperspektiven

Online-Marketing wird gegenüber dem traditionellen Marketing immer wichtiger. Online-Marketing-Manager sind in vielen Wirtschaftsbereichen und Agenturen sehr gefragt. Die solide Entwicklung von Internet-Angeboten in den vergangenen Jahren und die steigende Nachfrage insbesondere der jungen Generation hat zu neuen, teilweise cross-medialen Kommunikationsangeboten und beruflichen Perspektiven, wie dem bereits etablierten Berufsbild des Online Marketing Managers, geführt.[24]

Die Entwicklung der Internet-Technologien und dem damit verbundenen Möglichkeiten im Online-Marketing schreiten mit rasantem Tempo voran. Unternehmen müssen sich auf die neuen Situationen einstellen, um Marktanteile zu behalten oder sogar auszubauen.[25]

Aufgrund dessen nimmt die Bedeutung des Online-Marketings immer weiter zu: Auch in wirtschaftlich schwierigen Zeiten wächst der e-Commerce mit zweistelligen Wachstumsraten.[26]

Zum Schluss ist noch anzumerken, dass Internetdienstleistungen, einschließlich Online-Marketing, mehr und mehr mit steigender Tendenz von so genannten Freelancern (dt.: Freiberuflern) angeboten wird.[27]

---

[24] Onlinemarketing Manager
[25] P3 Consult
[26] onlineartikel.de
[27] Freelancermap

Literaturverzeichnis

100partnerprogramme. (kein Datum). Abgerufen am 20. Oktober 2011 von http://www.100partnerprogramme.de/home/affiliate-marketing/affiliate-marketing.html

marketing.ch. (2007). Abgerufen am 16. Oktober 2011 von http://www.marketing.ch/wissen/suchmaschinenmarketing/pdf/definition.pdf

Bundesagentur für Arbeit. (kein Datum). Abgerufen am 13. Oktober 2011 von http://berufenet.arbeitsagentur.de/berufe/start?dest=profession&prof-id=15010

Computerwoche. (kein Datum). Abgerufen am 17. Oktober 2011 von http://www.computerwoche.de/index.cfm?pid=3149&pk=1850109

deutsche pop. (kein Datum). Abgerufen am 12. Oktober 2011 von Http://www.deutsche-pop.com/bildungsangebot/management/ausbildungsgang-online-marketingmanagerin.html

ebam. (kein Datum). Abgerufen am 10. Oktober 2011 von http://www.ebam.de/onlinemarketingmanager.htm

emba Medienakademie. (kein Datum). Abgerufen am 14. Oktober 2011 von Http://emba-medienakademie.de/cgi-bin/adframe/de/studium/002-06-online_marketing.html?id=132007083

Freelancermap. (kein Datum). Abgerufen am 17. Oktober 2011 von http://www.freelancermap.de/freelancer-verzeichnis.html

Gehalt Tipps. (kein Datum). Abgerufen am 17. Oktober 2011 von http://www.gehalt-tipps.de/gehaltsvergleich/Gehalt/Online-Marketing-Manager/8002.html

Greifeneder, H. (2010). *Erfolgreiches Suchmaschinen-Marketing: Wie Sie bei Google, Yahoo, MSN & Co. ganz nach oben kommen.* Wiesbaden: Gabler.

Kollmann, T. (2007). *Online-Marketing: Grundlagen der Absatzpolitik in der Net Economy.* Stuttgart: Kohlhammer.

Labs, L. (2003). *E-Mail-Marketing.* Wiesbaden: Vieweg.

Lammenett, E. (2009). *Praxiswissen Online-Marketing: Affiliate- und E-Mail-Marketing, Keyword-Advertising, Online-Werbung, Suchmaschinen-Optimierung.* Wiesbaden: Gabler.

marketing.ch. (kein Datum). Abgerufen am 16. Oktober 2011 von http://www.marketing.ch/wissen/suchmaschinenmarketing/pdf/definition.pdf

onlineartikel.de. (kein Datum). Abgerufen am 16. Oktober 2011 von http://www.online-artikel.de/article/zukunftsjob-zertifizierter-online-marketing-manager-14547-1.html

Onlinemarketing Manager. (kein Datum). Abgerufen am 15. Oktober 2011 von http://www.onlinemarketing-manager.com/jobs.html

onlinemarketing-praxis. (kein Datum). Abgerufen am 19. Oktober 2011 von
    http://www.onlinemarketing-praxis.de/glossar/onlinemarketing

P3 Consult. (kein Datum). Abgerufen am 16. Oktober 2011 von
    http://www.p3consult.de/2011/09/zukunft-des-online-marketings-dmexco-2011

ranking-check. (kein Datum). Abgerufen am 18. Oktober 2011 von http://ranking-
    check.de/dienstleistungen/internet-marketing/rc.online-video-marketing.html

seo-united. (kein Datum). Abgerufen am 19. Oktober 2011 von http://www.seo-
    united.de/blog/internet/social-media-marketing.htm

suchtreffer. (kein Datum). Abgerufen am 18. Oktober 2011 von
    http://www.suchtreffer.de/online-marketing-manager.html

webbstar. (kein Datum). Abgerufen am 18. Oktober 2011 von
    http://www.webbstar.de/2009/10/20/gehaltsvergleich-der-digitalen-wirtschaft-2010

Weinberg, T. (2010). *Social Media Marketing: Strategien für Twitter, Facebook & Co.* Köln:
    O'Reilly.

Weis, H. C. (2009). *Marketing.* Herne: Kiehl.